의문사로 배우는

언어치료 워크북

1 무엇?

글 _ 이효진
· 대구대학교 재활산업학과 석사과정

글 _ 김정완
· 대구대학교 언어치료학과 교수

글 _ 류효정
· 자람아동발달연구소 소장

의문사로 배우는
언어치료
워크북
1 무엇?

초판발행 2016년 5월 27일
초판 3쇄 2019년 1월 11일

지은이 이효진 · 김정완 · 류효정
그린이 박보배빗나
펴낸이 채종준
기 획 조가연
편 집 박미화
디자인 이효은
마케팅 황영주

펴낸곳 한국학술정보(주)
주 소 경기도 파주시 회동길 230(문발동)
전 화 031-908-3181(대표)
팩 스 031-908-3189
홈페이지 http://ebook.kstudy.com
E-mail 출판사업부 publish@kstudy.com
등 록 제일산-115호(2000. 6. 19)

ISBN 978-89-268-7434-9 14370
        978-89-268-7432-5 (전5권)

74
human
therapy

의문사로 배우는

언어치료 워크북

이효진 · 김정완 · 류효정 지음

1

무엇?

이담 Books

아이들은
자라면서

인지 및 언어능력이 발달함에 따라 다양한 의문사를 습득하게 됩니다. 이러한 의문사를 활용한 질문들은 아동 언어치료 현장에서 언어 및 인지발달을 촉진시킬 수 있는 효과적인 도구로 사용되고 있습니다.

의문사 형태의 의미를 제대로 습득하지 못한 아동들의 경우, 여러 가지 의문사 질문에 대해 자기가 알고 있는 의문사 형태로만 대답하는 양상을 보이게 됩니다. 정상 발달 아동의 경우, '무엇(목적격)', '누구(목적격)', '어디서', '왜', '언제'의 순서로 의문사를 이해하게 되는데, 지적장애 아동들의 경우 그림 조건에서 '무엇', '누구', '왜'에 대한 이해가 좀 더 높아지는 경향이 있습니다.

따라서 그림을 제시하고 여러 가지 격조사와 태를 이용한 문형의 구성을 통해 언어발달지체 아이들을 훈련하는 것은 좀 더 다양한 맥락 안에서 활발하게 의문사를 이해하고 적절한 대답을 산출할 수 있도록 도와줍니다. 『의문사로 배우는 언어치료 워크북』(전5권)이 아이들의 일상생활 속에서 의문사를 이해하고 사용하는 데 도움이 되길 바랍니다.

목 차

이렇게 사용하세요

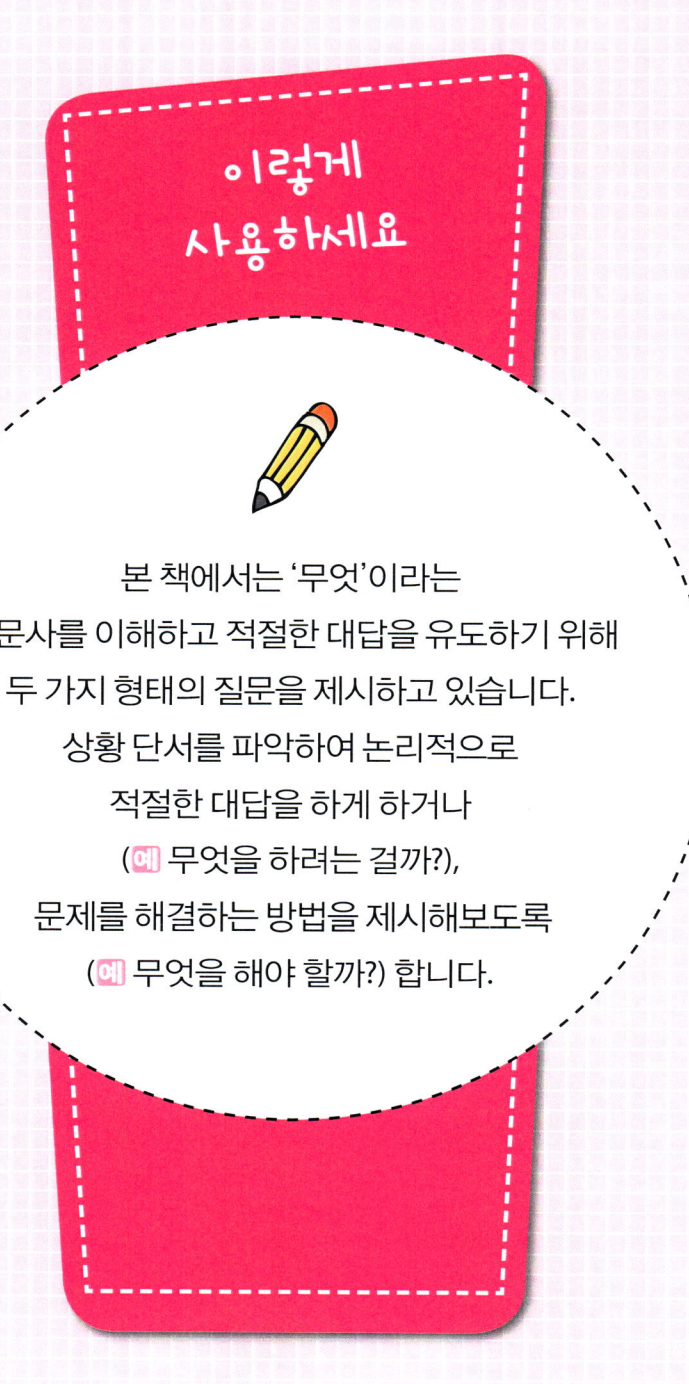

본 책에서는 '무엇'이라는
의문사를 이해하고 적절한 대답을 유도하기 위해
두 가지 형태의 질문을 제시하고 있습니다.
상황 단서를 파악하여 논리적으로
적절한 대답을 하게 하거나
(예 무엇을 하려는 걸까?),
문제를 해결하는 방법을 제시해보도록
(예 무엇을 해야 할까?) 합니다.

시행방법

1_ 아동에게 첫 번째 그림을 보여주면서 질문을 읽어주고 적절한 대답을 생각해볼 시간을 줍니다. 이때 아래 그림은 가려주세요.

2_ 아동이 적절한 반응을 보일 경우, 아래 그림을 보여주고 정반응을 다시 한 번 강화해줍니다. 강화는 구어로 정확한 표현을 들려주거나 해당 그림을 색칠하게 하는 방식들이 있습니다.

3_ 아동이 무반응 또는 오반응을 보일 경우에는 아래 그림을 보여주고 질문을 다른 형태로 바꾸어 다시 질문하거나, 아동이 해야 할 대답을 치료사가 들려줄 수 있습니다.

무엇

?

01

불이 꺼진 방에서
코고는 소리가 나.
무엇을 하고 있는 걸까?

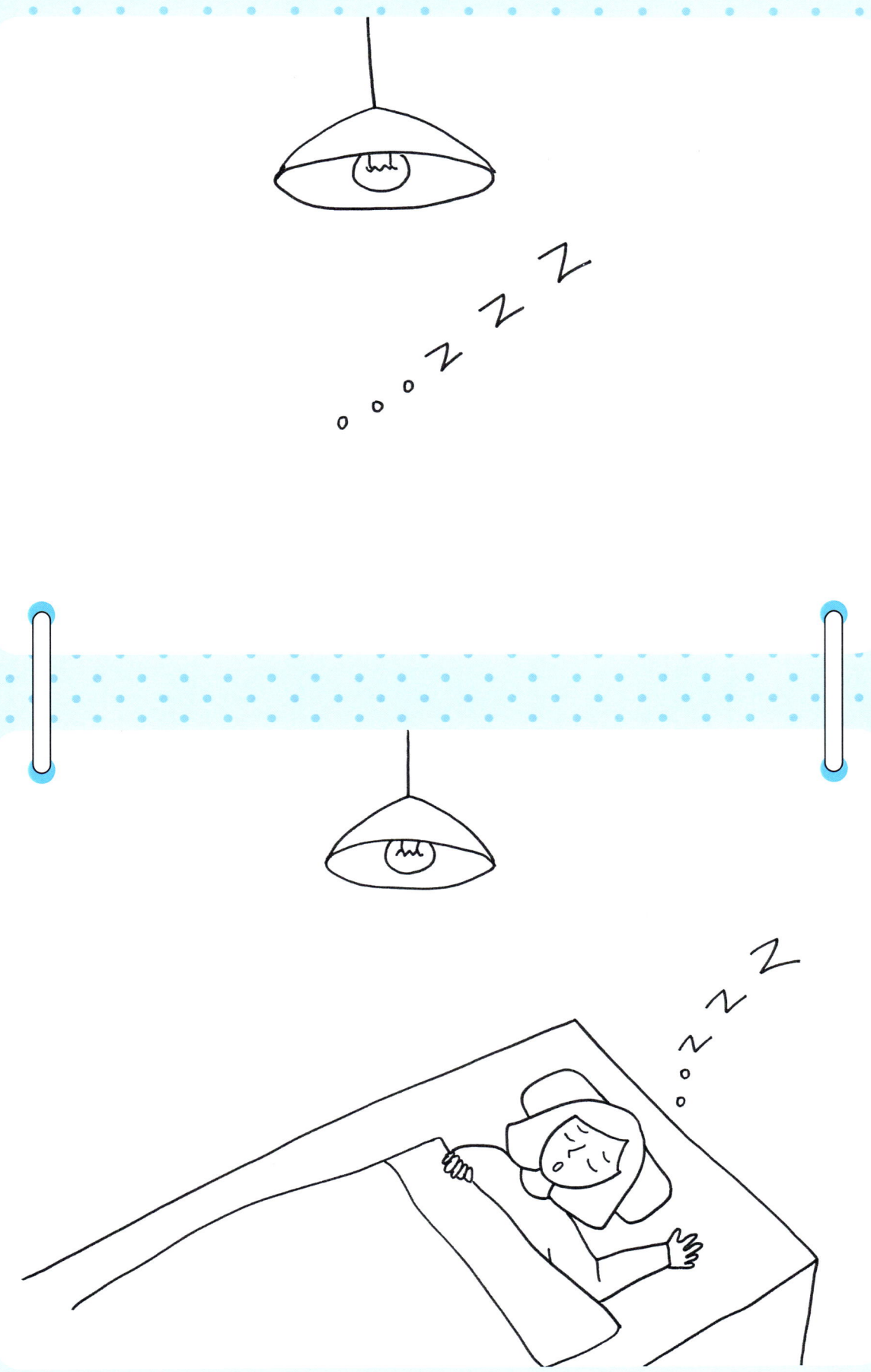

무엇

02

세면대가 고장이 나서
전화번호부를 찾고 있어.
무엇을 하려는 걸까?

무엇

03

전화번호부를 펼쳤어.
무엇을 하려는 걸까?

무엇

04

신문과 가위를 들고 있어.
무엇을 하려는 걸까?

16

무엇

05

노래 CD를 듣고있어.
무엇을 하려는 걸까?

무엇

06

도시락 가방을 들고
공원에 왔어.
무엇을 하려는 걸까?

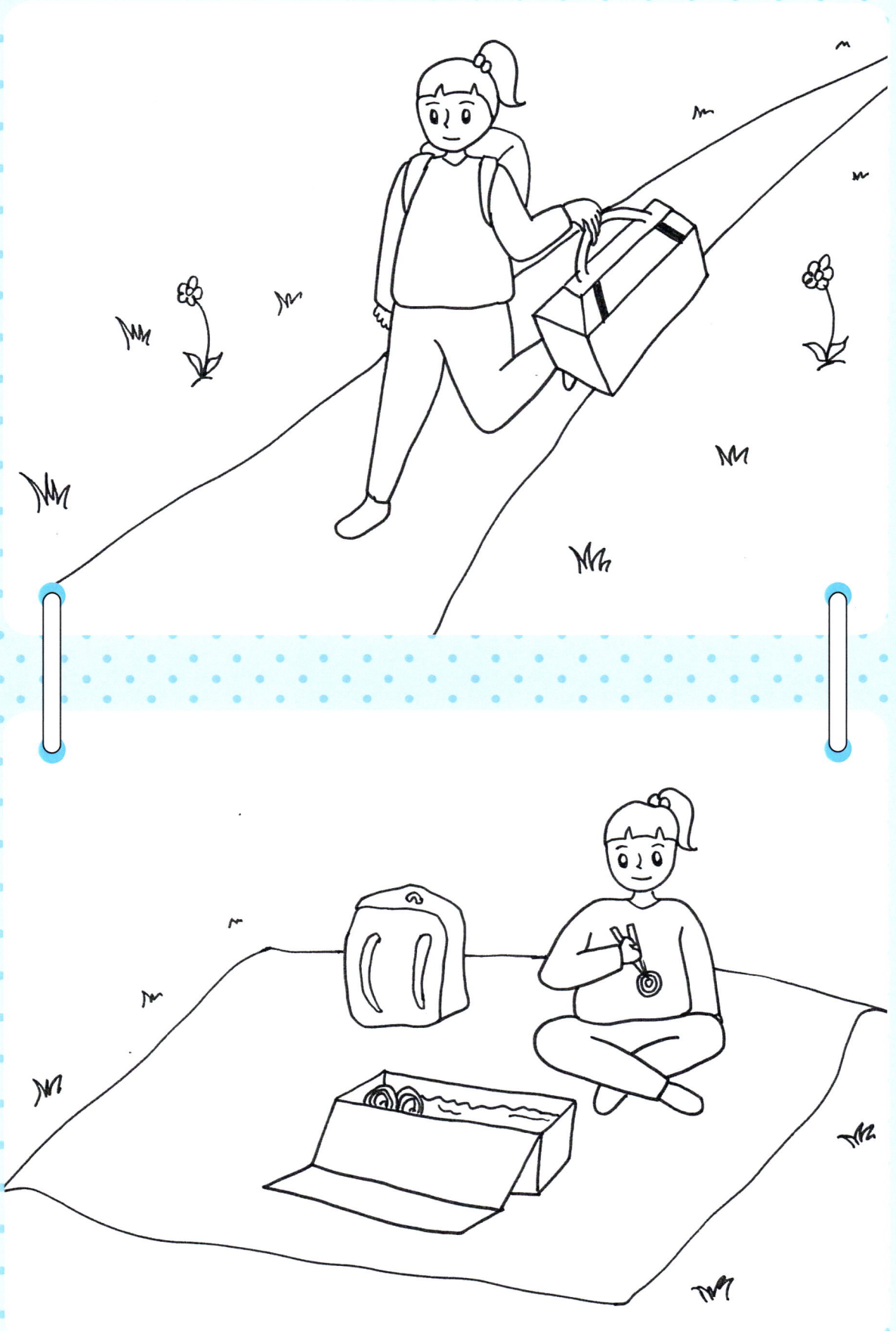

무엇

07

친구들에게 텐트와
돗자리가 있어.
무엇을 하려는 걸까?

무엇

08

구두약과 걸레를 들고 있어.
무엇을 하려는 걸까?

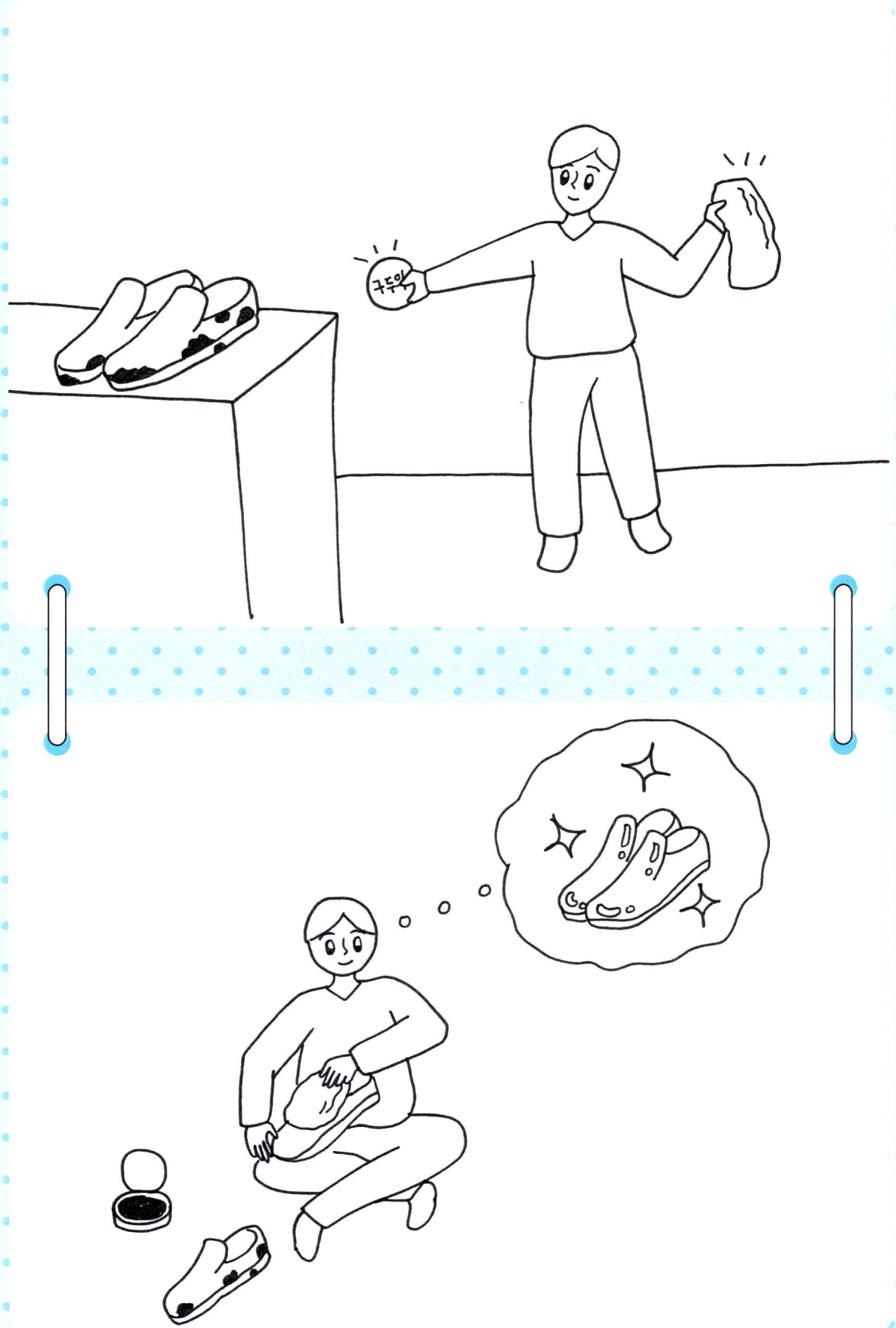

무엇

09

티켓을 들고
캐리어를 끌고 가고 있어.
무엇을 하려는 걸까?

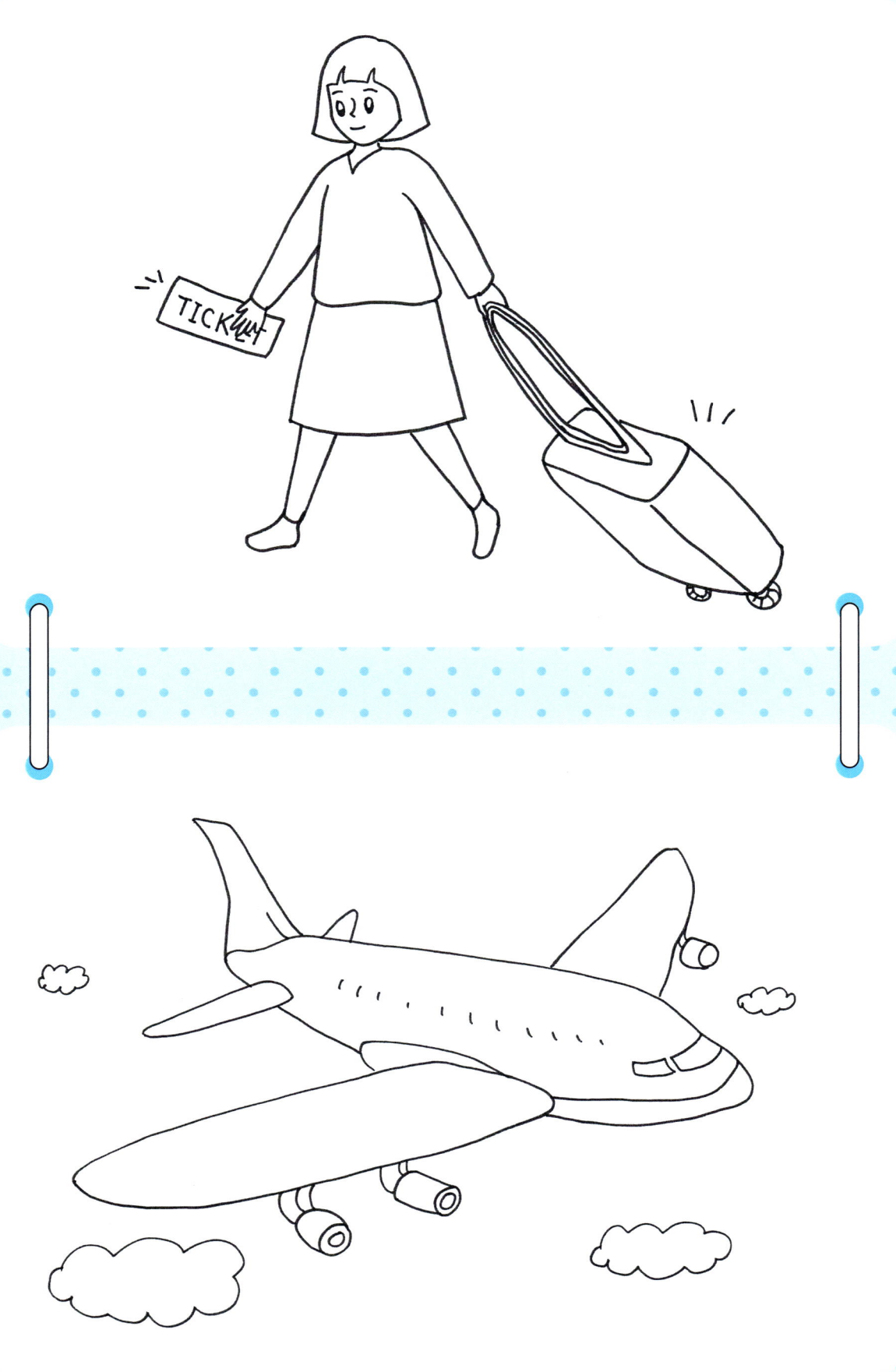

무엇

10

아이가 눈덩이를 만들어놓고
눈사람 뒤에 숨었어.
무엇을 하려는 걸까?

28

무엇

11

주인이 대야에 물을 받고,
샴푸를 들고 있어.
무엇을 하려는 걸까?

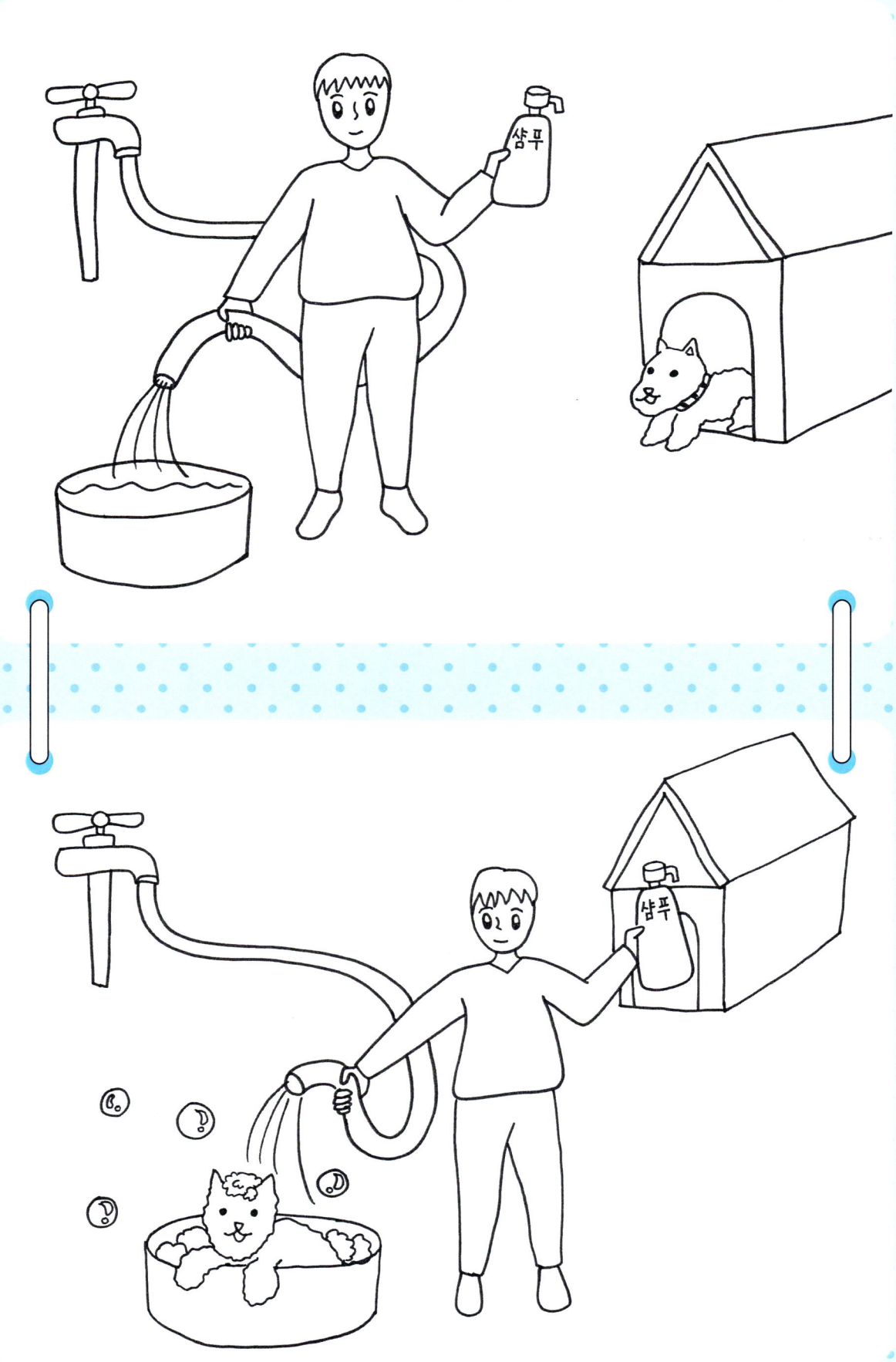

무엇

12

카트를 꺼낸 후
사야할 목록을 보고 있어.
무엇을 하려는 걸까?

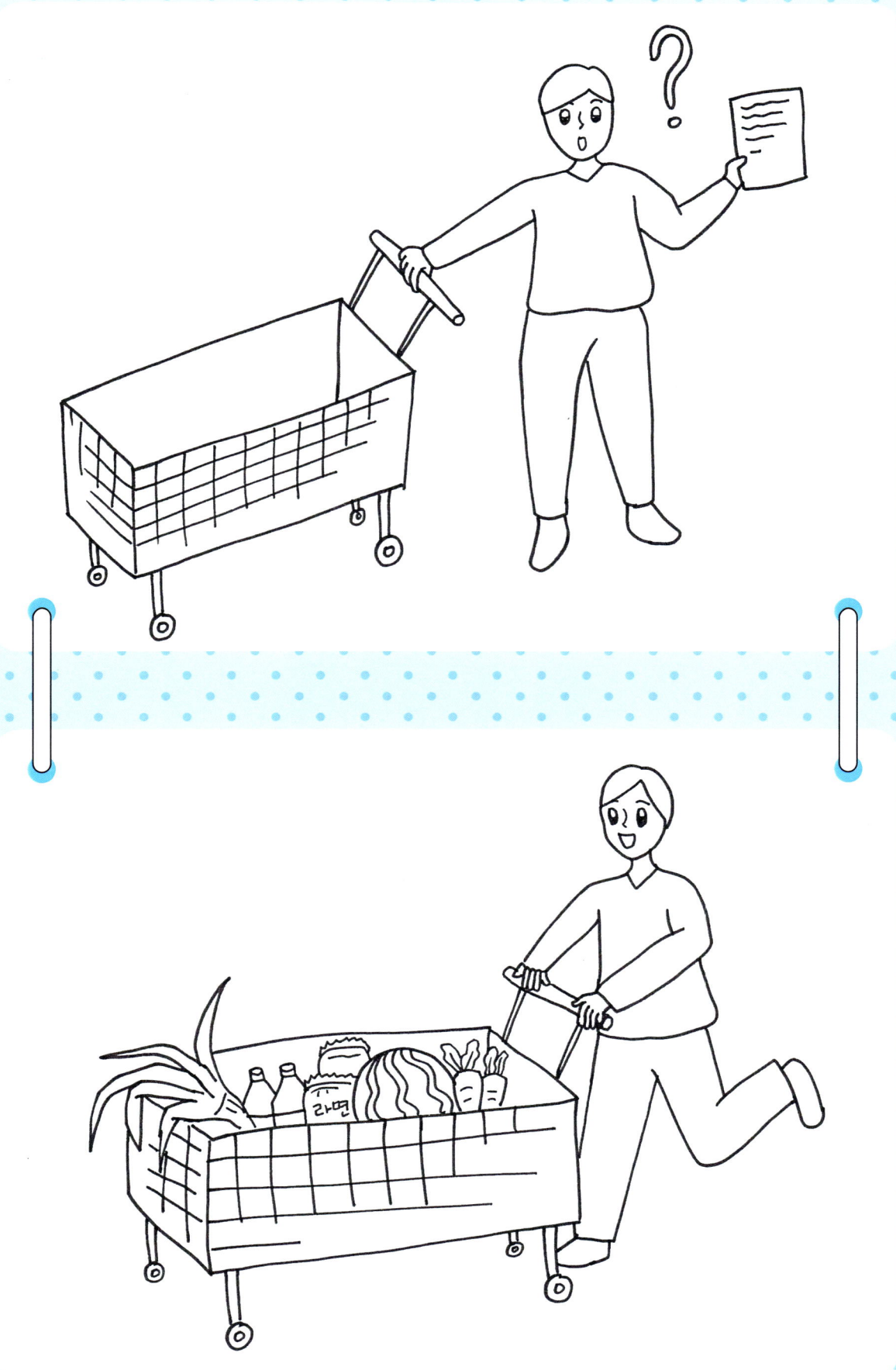

무엇

13

개 주인이 목줄을 들고 있어.
무엇을 하려는 걸까?

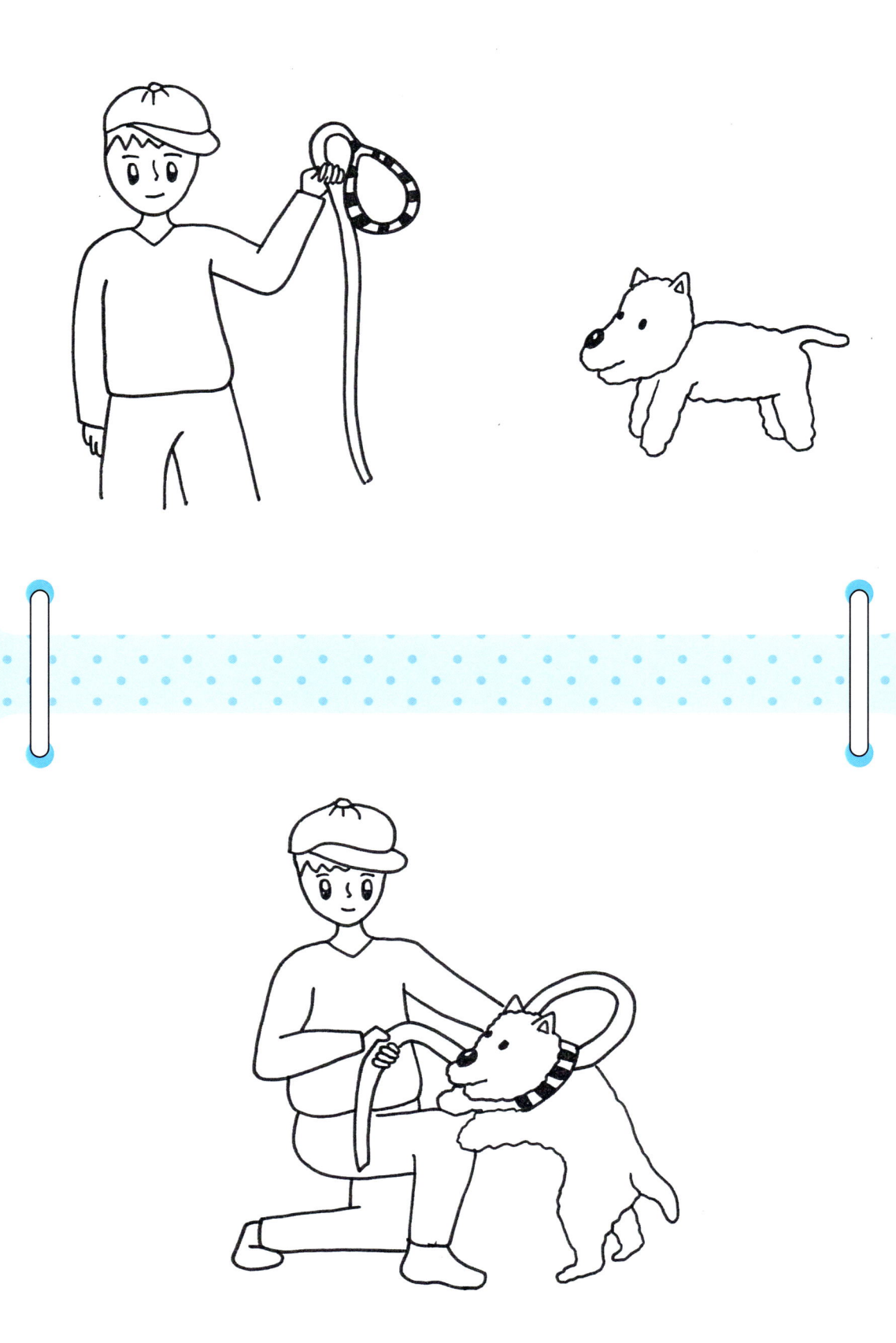

무엇

14

행버거와 음료수를
잔뜩 사 들고 가고 있어.
무엇을 하려는 걸까?

무엇

15

친구의 손에
액자, 옷, 망치가 있어.
무엇을 하려는 걸까?

무엇

?

16

햄버거를 먹어야 하는데
음료수가 조금밖에 없어.
무엇을 해야 할까?

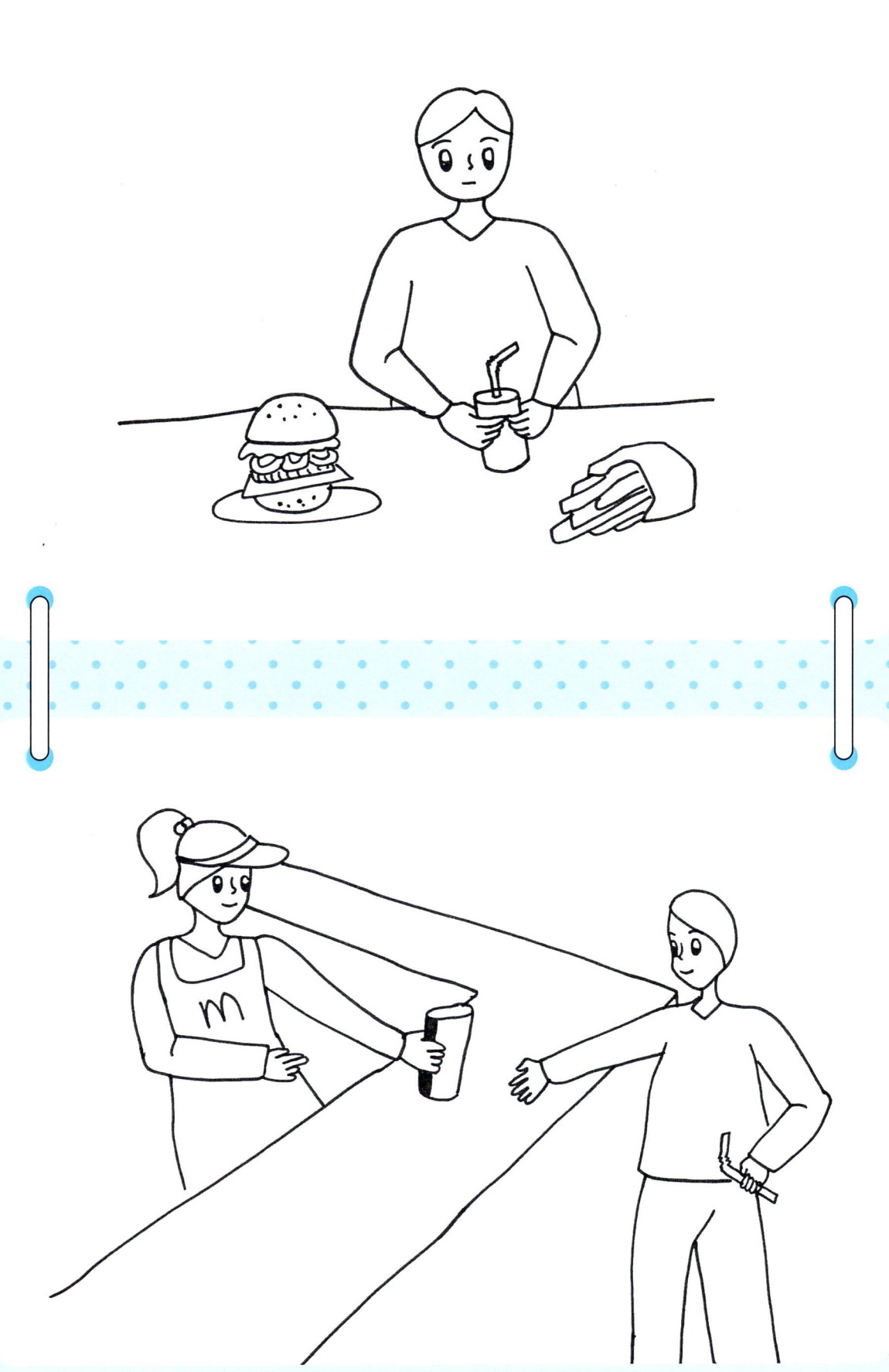

무엇

17

도둑이
할머니의 가방을 훔쳐갔어.
친구는 무엇을 해야 할까?

42

무엇

18

사진을 찍으려고
삼각대를 설치했어.
그 다음 무엇을 해야 할까?

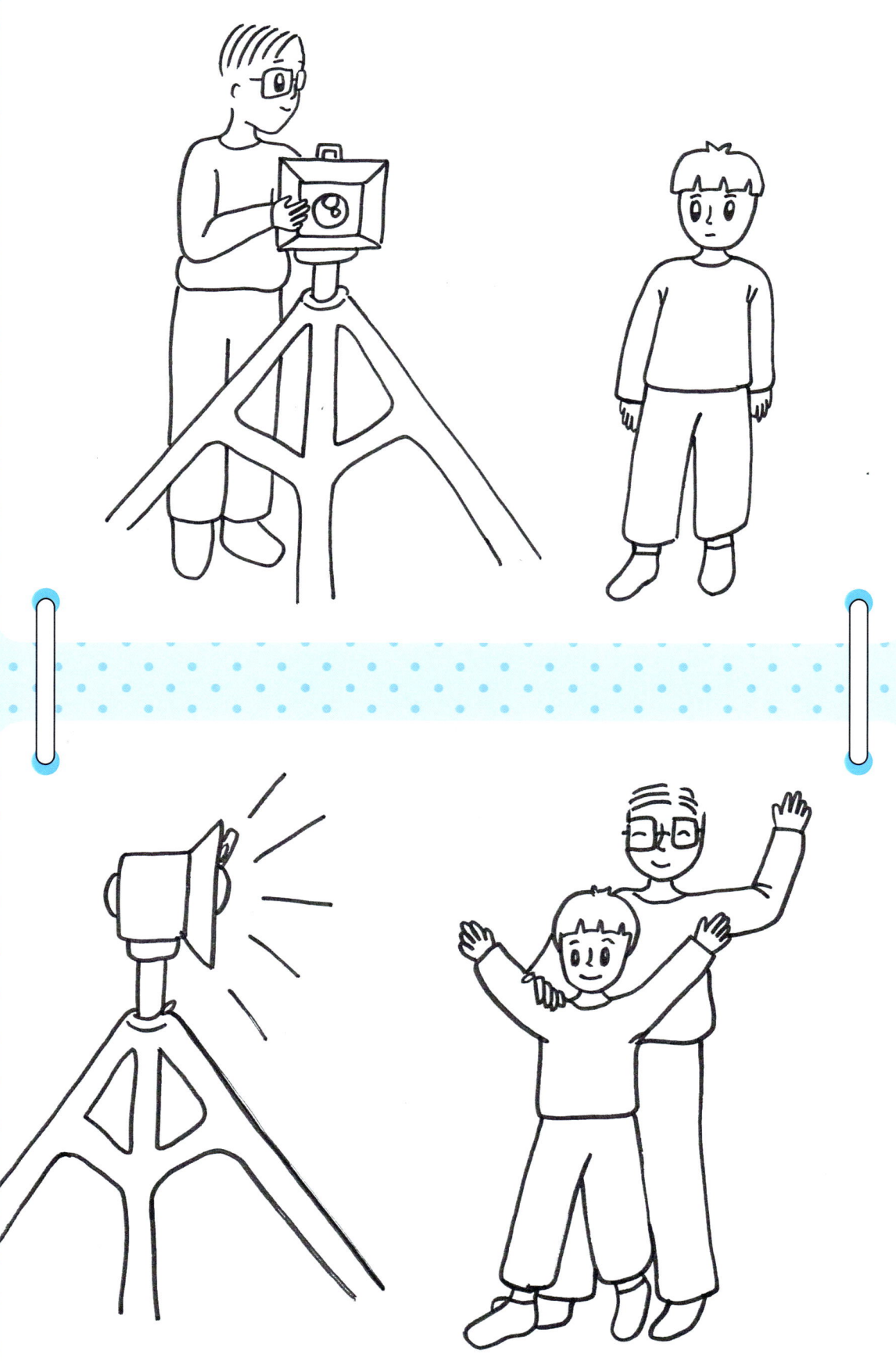

무엇

19

정심시간인데
소라가 도시락을 안 가져왔어.
준호는 무엇을 해야 할까?

무엇

20

아이의 머리카락이 어때?
무엇을 해야 할까?

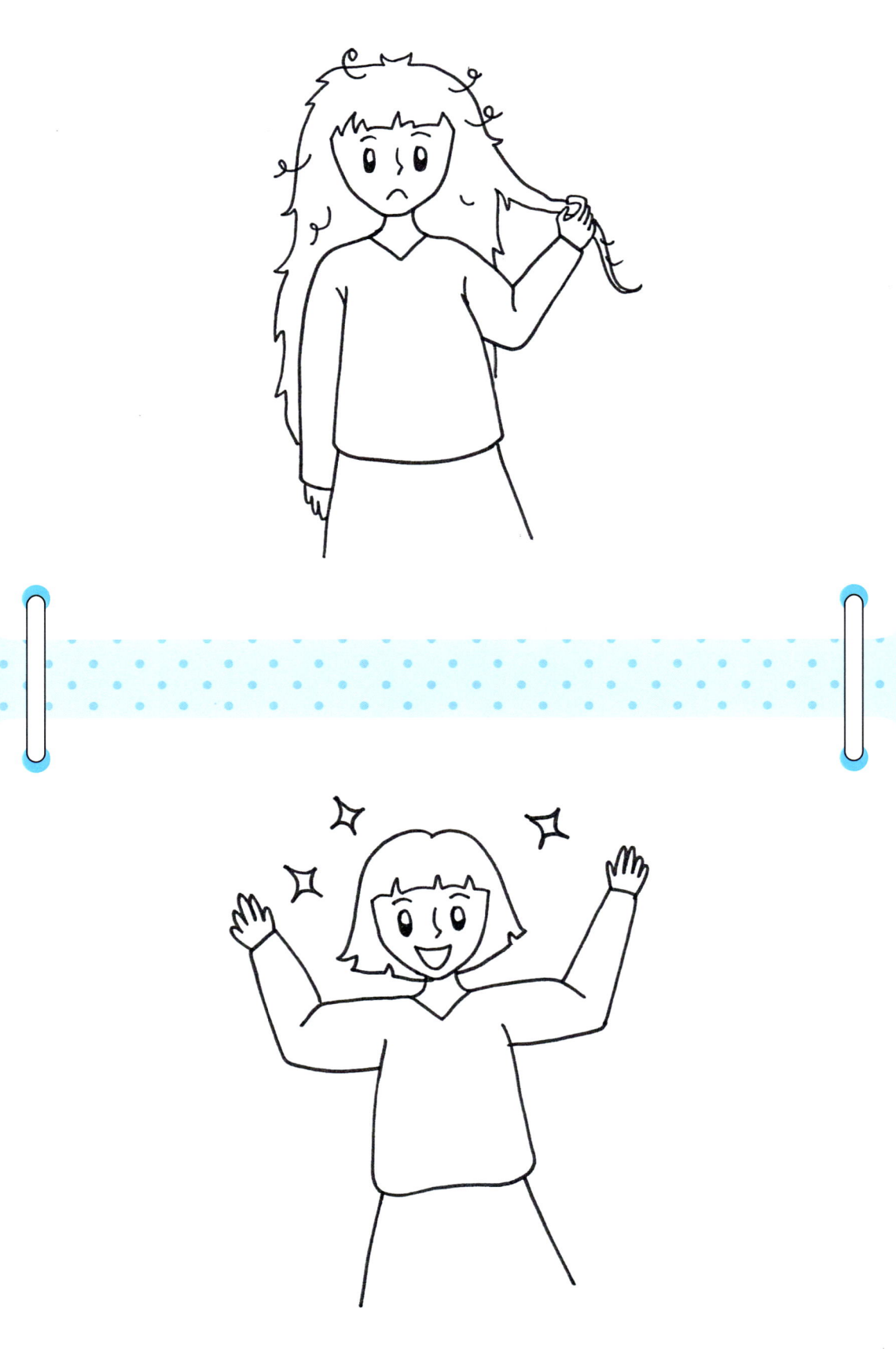

무엇

21

새로 산 옷이 어때?
무엇을 해야 할까?

50

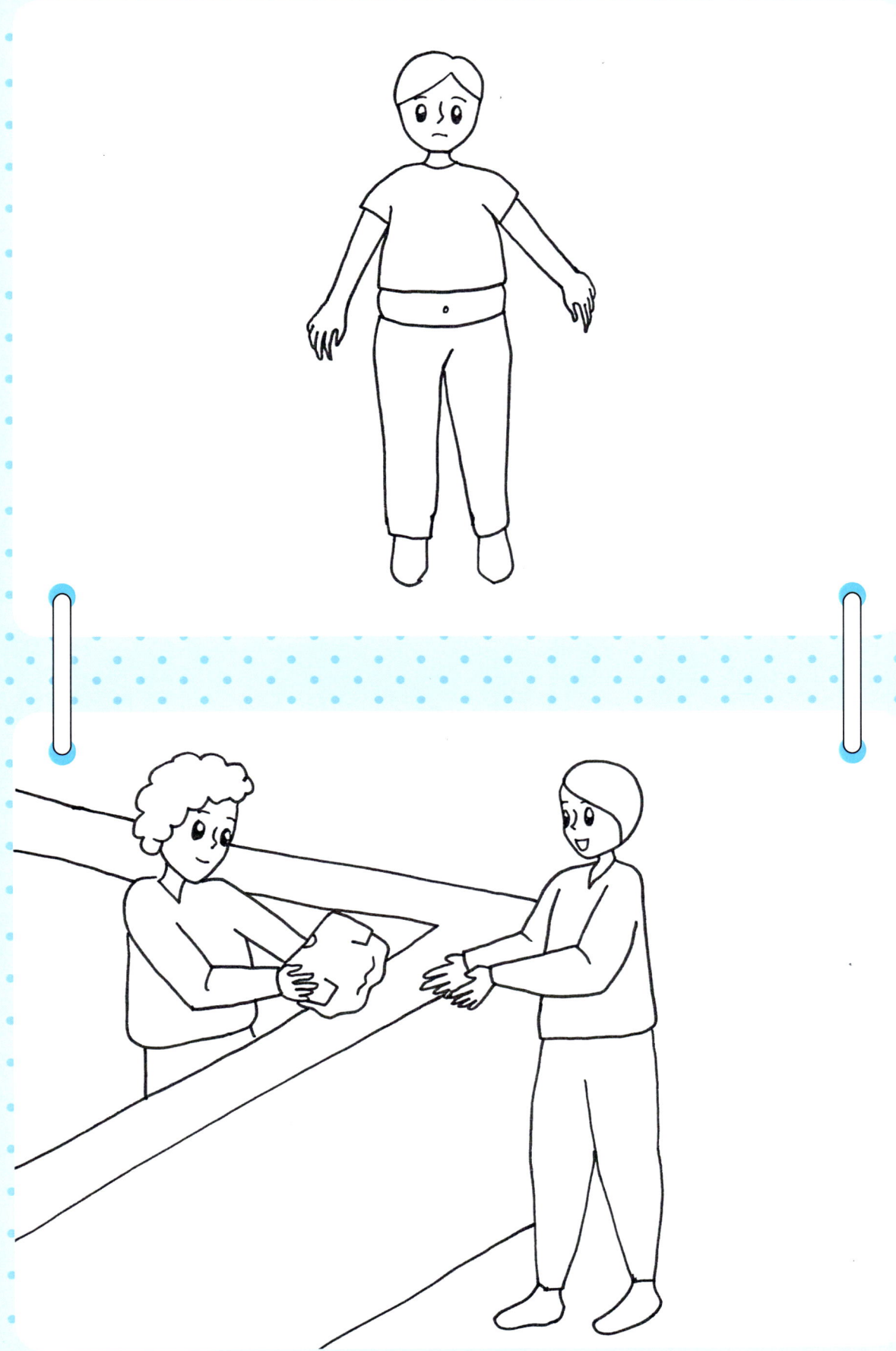

무엇

22

밖에 나가서
친구들이랑 놀려고 했는데 비가 와.
집에서 무엇을 할까?

무엇

23

수업시간에
수학문제를 풀었어.
그 다음 무엇을 해야 할까?

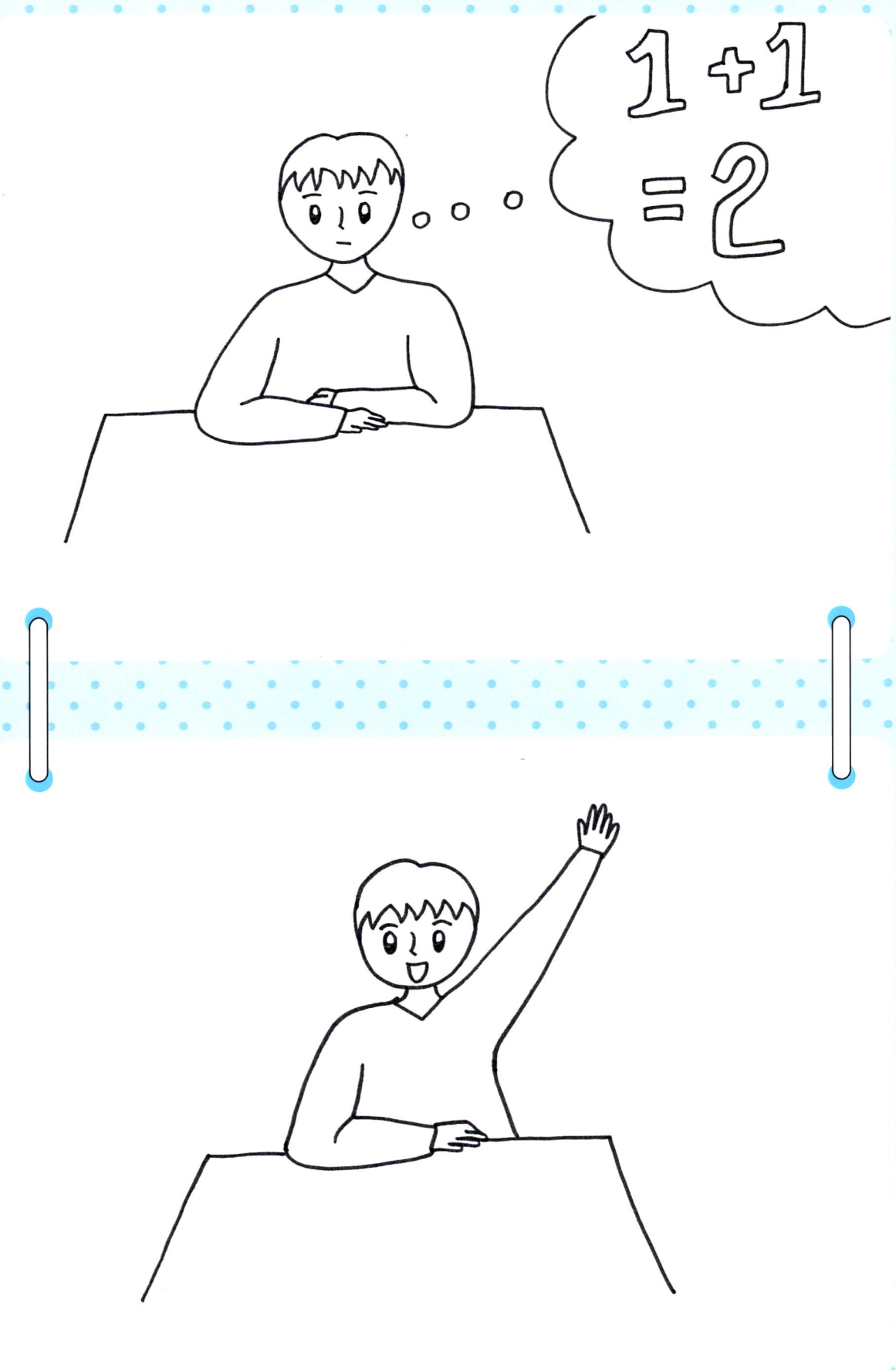

무엇

24

뛰어가다가
발이 물웅덩이에 빠졌어.
무엇을 해야 할까?

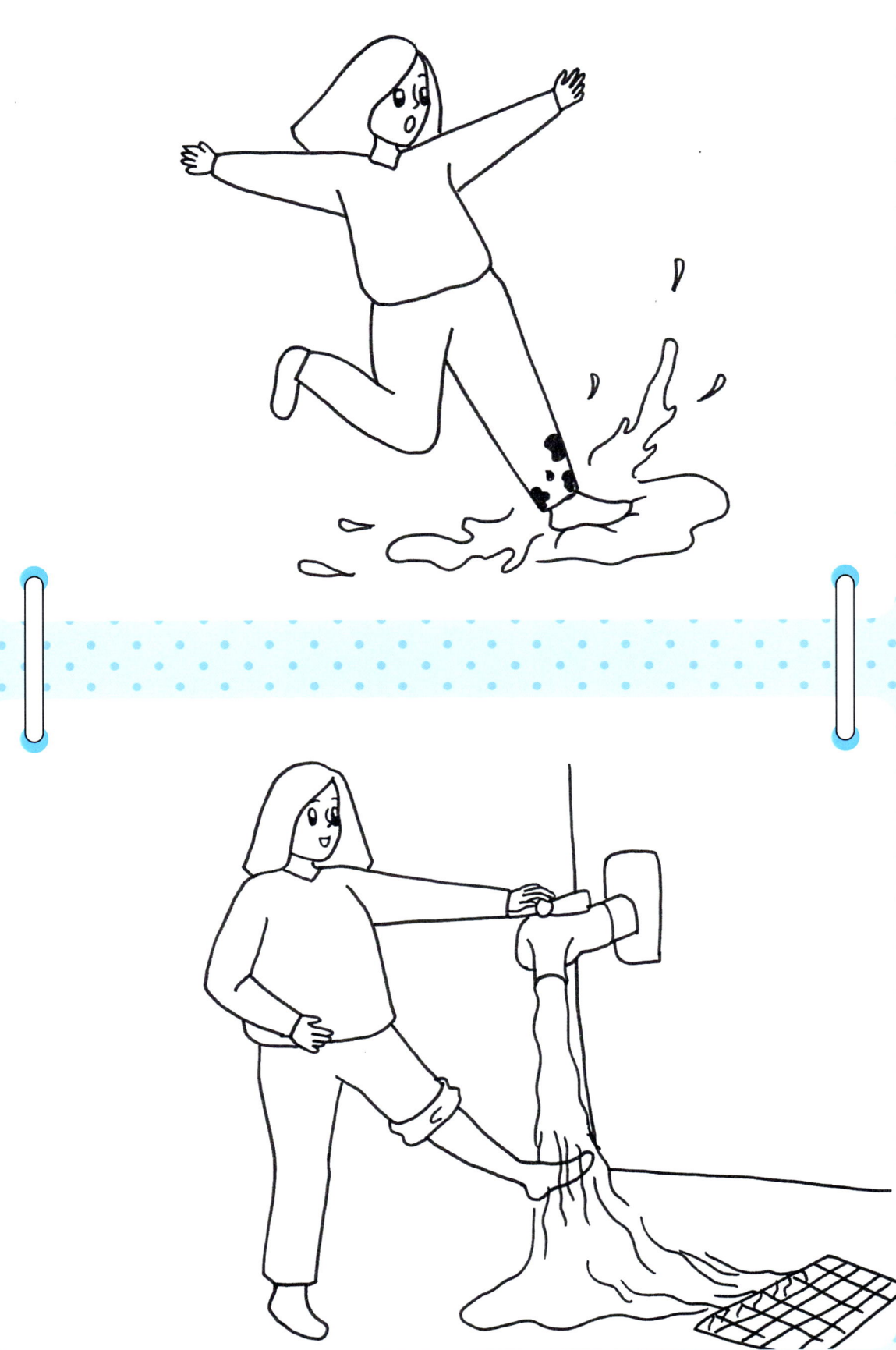

무엇

25

낙엽 때문에 길이 지저분해.
무엇을 해야 할까?

무엇

26

명절에 세뱃돈을 많이 받았어.
그 다음 무엇을 해야 할까?

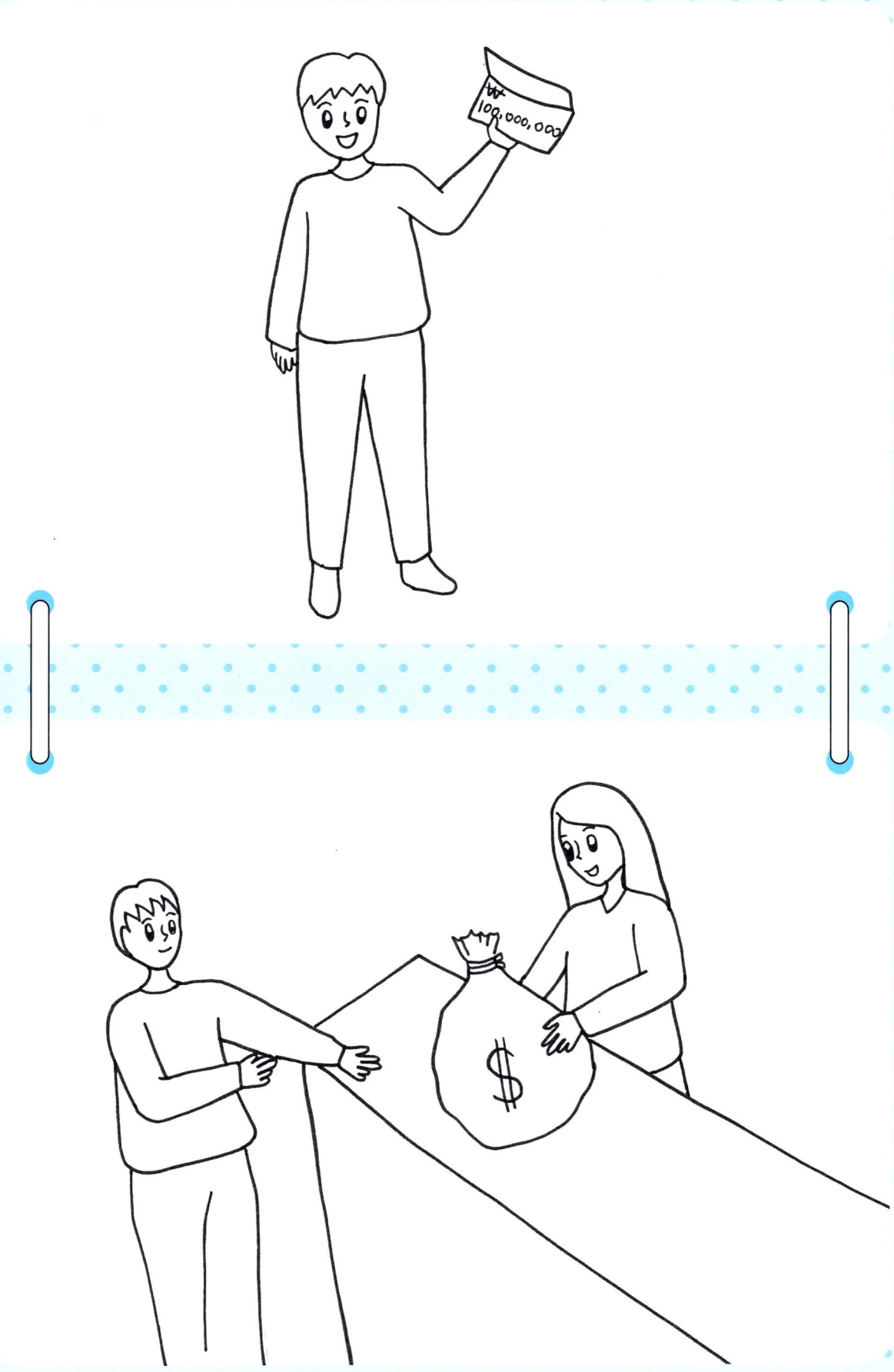

무엇

27

가방이 너무 크고 무거워.
이 짐을 들고 가려면
무엇을 해야 할까?

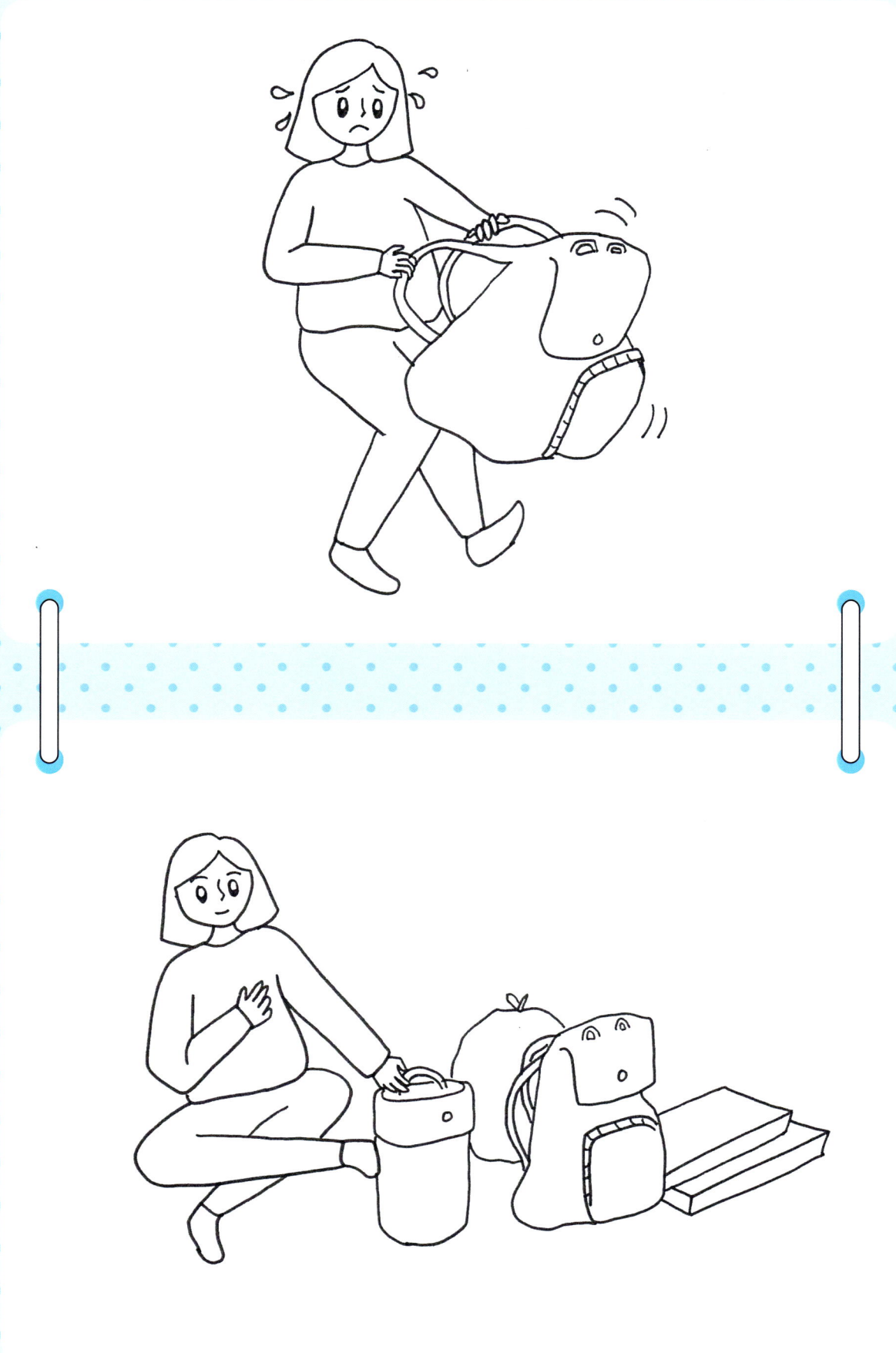

무엇

28

강아지가 어디 아픈가봐.
강아지 주인은
무엇을 해야 할까?

무엇

29

스케이트가 어떻게 되었지?
무엇을 해야 할까?

무엇

30

길을 가장 안전하게
건널 수 있는
방법은 무엇일까?

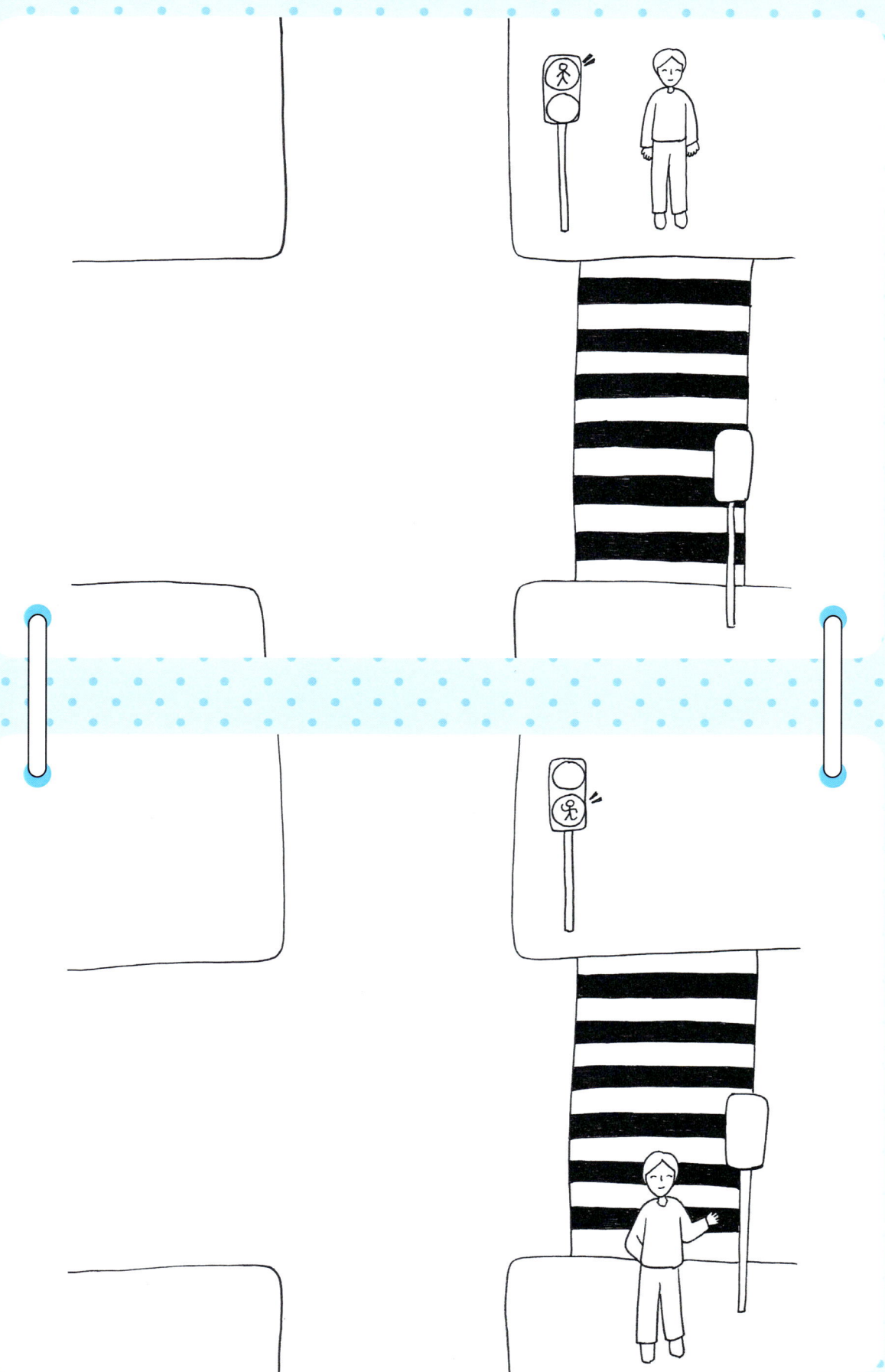

무엇

31

배가 고픈데
음식 재료가 없어.
무엇을 해야 할까?

무엇

32

도서관에서
아이들이 떠들고 있어.
무엇을 해야 할까?

무엇

33

일주일 동안
가족여행을 갈 거야.
집을 비우기 전에
무엇을 해야 할까?

무엇

34

모기한테 물렸어.
무엇을 해야 할까?

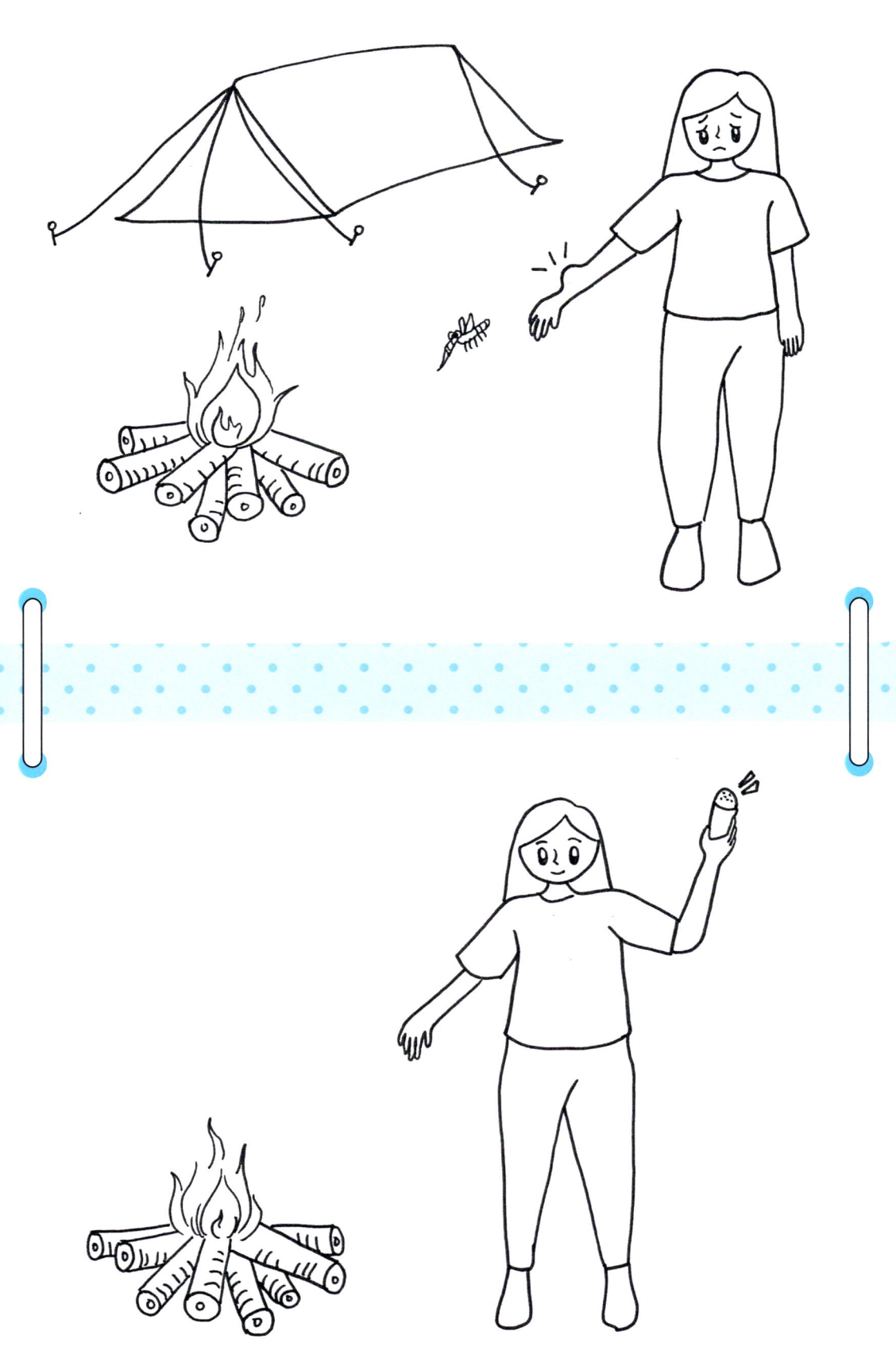

무엇

35

아이가 웅덩이에서
엉덩방아를 찧었어.
무엇을 해야 할까?

꽝!!

무엇

36

화초가 시들었어.
무엇을 해야 할까?

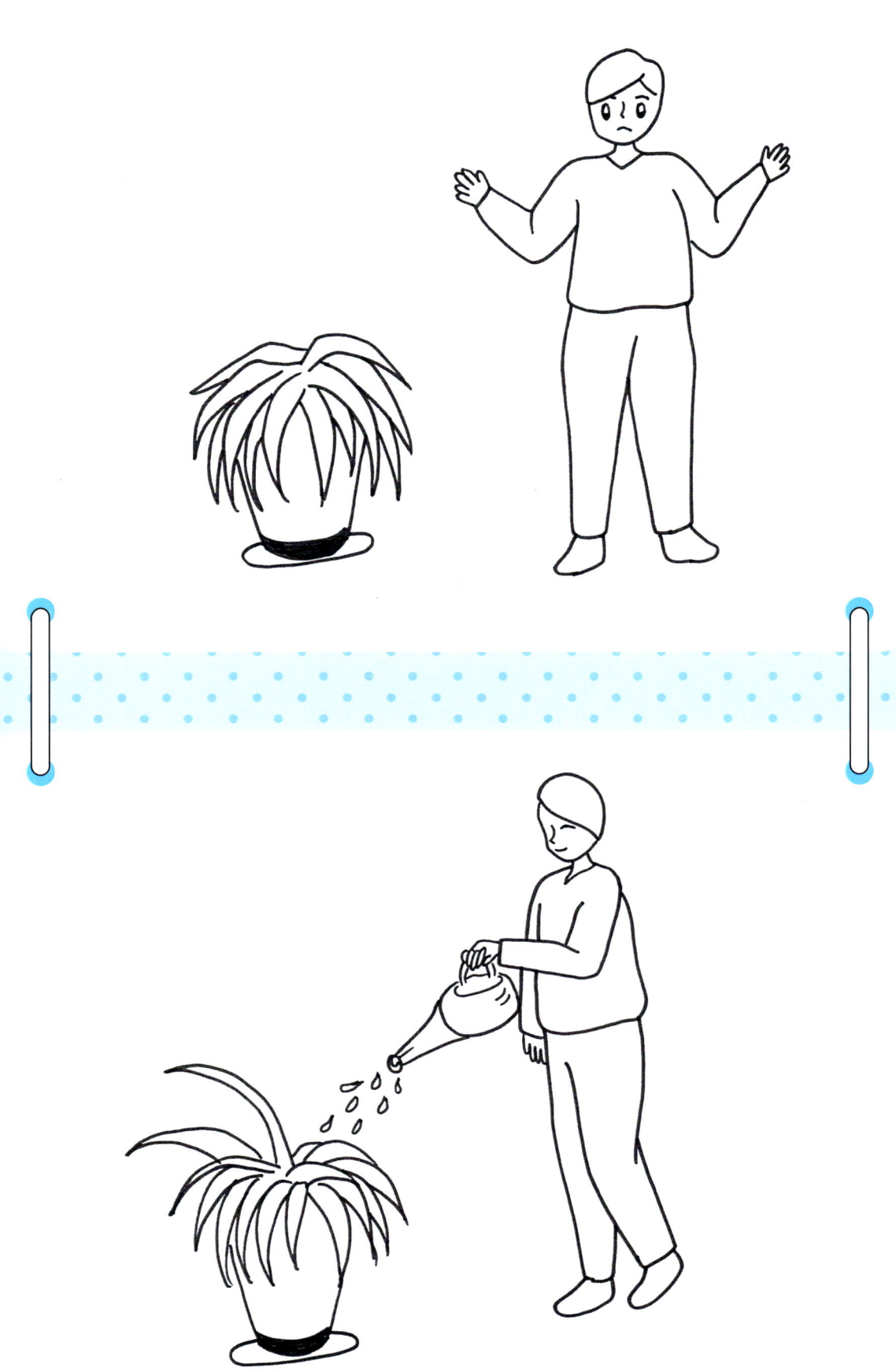

무엇

37

아이가 배가 고픈가봐.
무엇을 해야 할까?

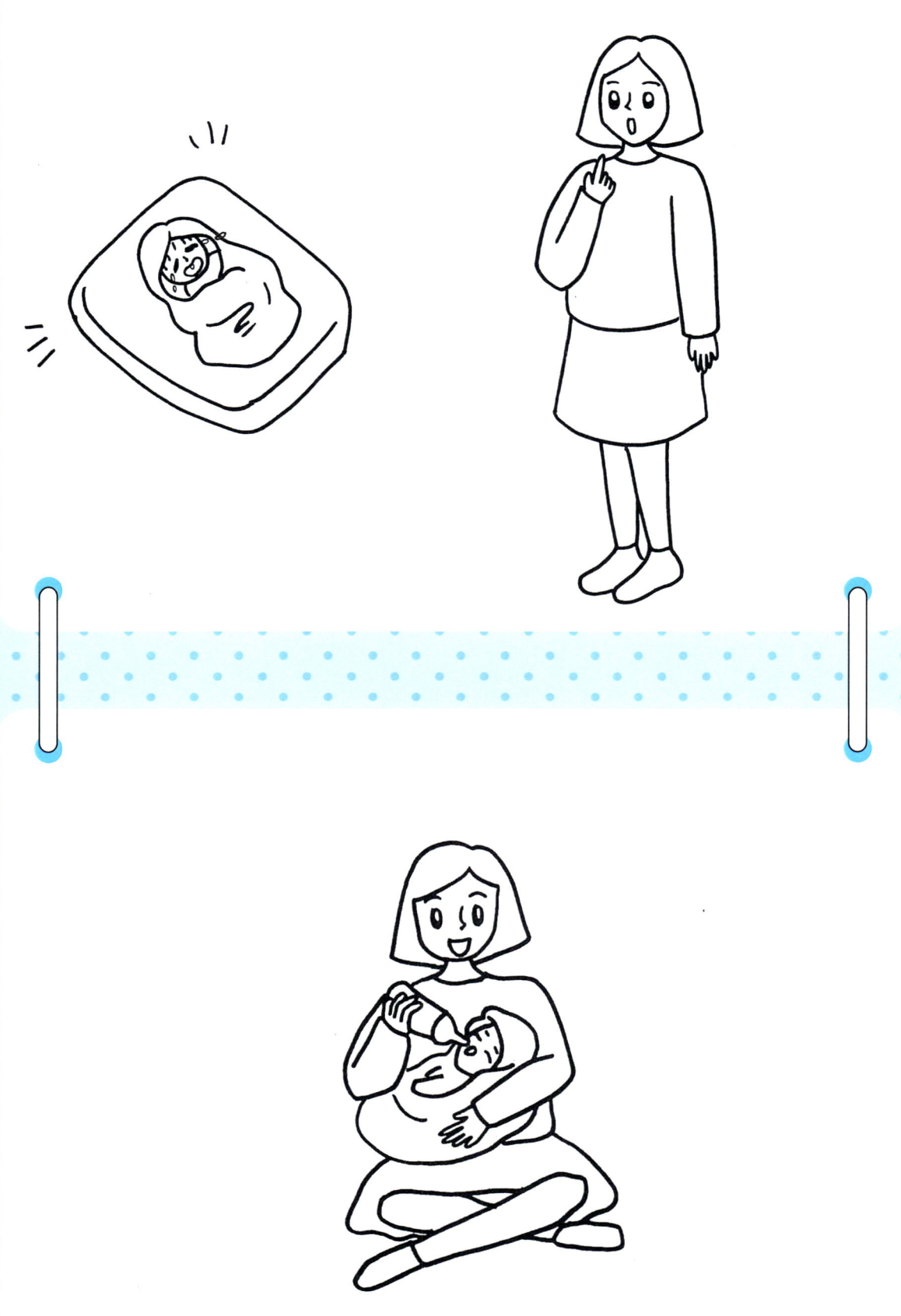

무엇

38

오르는 사람이
벨을 자꾸 눌러.
무엇을 해야 할까?

무엇

39

글씨를 잘못 썼어.
무엇을 해야 할까?

무엇

40

편지를 써야 하는데
연필심이 모두 부러졌어.
무엇을 해야 할까?